ATIVIDADES LÚDICAS
PARA EDUCAÇÃO INFANTIL

Dados Internacionais de Catalogação na Publicação (CIP)
(Câmara Brasileira do Livro, SP, Brasil)

Maluf, Angela Cristina Munhoz
  Atividades lúdicas para Educação Infantil : conceitos, orientações e práticas / Angela Cristina Munhoz Maluf. 4. ed. – Petrópolis, RJ : Vozes, 2014.

Bibliografia.

8ª reimpressão, 2023.

ISBN 978-85-326-3671-3

1. Aprendizagem perceptivo-motora 2. Atividades criativas 3. Capacidade motora em crianças 4. Crianças – Desenvolvimento 5. Educação Infantil 6. Jogos educativos – Atividades I. Título.

08-02622   CDD-371.337

Índices para catálogo sistemático:

1. Jogos e atividades : Educação infantil 371.337

2. Ludopedagogia : Educação infantil 371.337

Angela Cristina Munhoz Maluf

ATIVIDADES LÚDICAS
PARA EDUCAÇÃO INFANTIL

Conceitos, orientações e práticas

EDITORA
VOZES

Petrópolis

© 2008, Editora Vozes Ltda.
Rua Frei Luís, 100
25689-900 Petrópolis, RJ
www.vozes.com.br
Brasil

Todos os direitos reservados. Nenhuma parte desta obra poderá ser reproduzida ou transmitida por qualquer forma e/ou quaisquer meios (eletrônico ou mecânico, incluindo fotocópia e gravação) ou arquivada em qualquer sistema ou banco de dados sem permissão escrita da editora.

CONSELHO EDITORIAL

Diretor
Volney J. Berkenbrock

Editores
Aline dos Santos Carneiro
Edrian Josué Pasini
Marilac Loraine Oleniki
Welder Lancieri Marchini

Conselheiros
Elói Dionísio Piva
Francisco Morás
Gilberto Gonçalves Garcia
Ludovico Garmus
Teobaldo Heidemann

Secretário executivo
Leonardo A.R.T. dos Santos

Editoração: Leonardo A.R.T. dos Santos
Diagramação: Sheilandre Desenv. Gráfico
Capa: Emerson Souza
Revisão do texto: Jeves Bejame Salvino

ISBN 978-85-326-3671-3

Este livro foi composto e impresso pela Editora Vozes Ltda.

Para os educadores da Educação Infantil, que precisam sempre ampliar suas ações.

E para todas as crianças que na Educação Infantil precisam brincar e dividir um mundo novo, cheio de novas experiências e muitos saberes.

Sumário

Considerações iniciais, 9

Apresentação, 11

1. Educação Infantil por inteiro, 13

2. Conceitos, benefícios e tipos de atividades lúdicas, 21

3. Elementos básicos da educação psicomotora, 25

4. Sugestões de atividades referentes ao esquema corporal, à lateralidade e à orientação espacial e temporal, 31

5. Atividade organizadora e características do comportamento da criança na Educação Infantil, 35

6. A importância de renovar práticas educativas na Educação Infantil e sugestões de um ambiente propício para a aprendizagem, 41

7. Quarenta dicas de atividades lúdicas para a Educação Infantil, 47

Considerações finais, 65

Referências bibliográficas, 67

Considerações iniciais

A Professora Angela Cristina, de forma eficiente, eficaz e de maneira peculiar às suas obras, escreveu este livro especialmente para educadores que atuam na Educação Infantil em âmbito formal e informal.

Ao consultar este livro, os educadores terão a efetiva compreensão do que são atividades lúdicas, seus benefícios, características do comportamento das crianças frente às diferentes propostas, sugestões de ambientes que propiciam melhor rendimento ao educador e ao educando, entre outros temas voltados para a Educação Infantil.

É válido ressaltar que concebemos o fazer pedagógico, não como uma ação neutra, sem intencionalidade, mas uma ação definida pelo educador que, conscientemente ou não, ao elaborar seu plano de trabalho faz opções teóricas, filosóficas e políticas. Estas escolhas podem e devem manter coerência interna e deverão estar atreladas às concepções pessoais de mundo e de ser humano, sobretudo do cidadão que se deseja formar, o que orientará processos de ensino-aprendizagem, da área de conhecimento a ser enfocada. Dessa maneira o livro não é uma receita, mas uma nova possibilidade de ação-reflexão-ação na prática educativa com crianças na Educação Infantil.

Em consonância com a proposta do livro, o Referencial Curricular Nacional da Educação Infantil – RCNEI explicita:

> O trabalho direto com crianças pequenas exige que o professor tenha uma

competência polivalente. Ser polivalente significa que ao professor cabe trabalhar com conteúdos de naturezas diversas que abrangem desde cuidados básicos essenciais até os conhecimentos específicos provenientes das diversas áreas do conhecimento (1988: 41).

Tais princípios são evidenciados em todo o percurso do livro, o que favorece contribuições nas competências práticas do educador infantil, sem deixar de reconhecer a riqueza de experiências vivenciadas, que podem e devem ser somadas às atividades propostas, circunscrevendo um conjunto de saberes próprios do fazer pedagógico.

A professora e escritora Angela Cristina mostra por meio deste livro que as atividades lúdicas desenvolvem nas crianças suas capacidades intelectuais, criativas, estéticas, expressivas e emocionais. Assim o livro *Atividades lúdicas para Educação Infantil – Conceitos, orientações e práticas*, além de ser um convite à ampliação e ao aprimoramento do conhecimento acerca da prática pedagógica na Educação Infantil, é um rico instrumento de consulta para o trabalho na Educação Infantil.

Professora-mestra Glauce Viana de Souza
Educadora infantil

Apresentação

Estudos e pesquisas têm comprovado a importância das atividades lúdicas no desenvolvimento das potencialidades humanas das crianças, proporcionando condições adequadas ao seu desenvolvimento físico, motor, emocional, cognitivo e social.

Na Educação Infantil podemos comprovar a influência positiva das atividades lúdicas em um ambiente aconchegante, desafiador, rico em oportunidades e experiências para o crescimento sadio das crianças.

O educador deverá propiciar a exploração da curiosidade infantil, incentivando o desenvolvimento da criatividade, das diferentes formas de linguagem, do senso crítico e de progressiva autonomia. Como também ser ativo com as crianças, criativo e interessado em ajudá-las a crescerem e serem felizes, fazendo das atividades lúdicas na Educação Infantil excelentes instrumentos facilitadores do ensino-aprendizagem.

As atividades lúdicas, juntamente com a boa pretensão dos educadores, são caminhos que contribuem para o bem-estar e entretenimento das crianças, garantindo-lhes uma agradável estadia na creche ou escola. Certamente, a experiência dos educadores, além de somar-se ao que estou propondo, irá contribuir para maior alcance de objetivos em seu plano educativo.

Acredito que educadores precisam ampliar sempre suas ações e as crianças precisam brincar e dividir um mundo novo, cheio de novas experiências e muitos saberes.

Angela Cristina Munhoz Maluf

1
Educação Infantil por inteiro

A Educação Infantil, por inteiro, é quando a criança recebe as influências socializadoras dos demais seres humanos com os quais estabelece relações, através de um ambiente acolhedor, rico em oportunidades de experiências e com interações positivas.

Os primeiros anos de vida são decisivos na formação da criança, pois se trata de um período em que ela está construindo sua identidade e grande parte de sua estrutura física, afetiva e intelectual. Sobretudo nesta fase, deve-se adotar várias estratégias, entre elas as atividades lúdicas, que são capazes de intervir positivamente no desenvolvimento da criança, suprindo suas necessidades biopsicossociais, assegurando-lhe condições adequadas para desenvolver suas competências.

Todas as instituições que atendem crianças de até seis anos devem respeitar o grau de desenvolvimento biopsicossocial e a diversidade social e cultural das populações infantis, como também promover o seu desenvolvimento integral, ampliando suas experiências e conhecimentos, de forma a estimular o interesse pela dinâmica da vida social e contribuir para que sua integração e convivência na sociedade sejam produtivas e marcadas pelos valores de solidariedade, liberdade, cooperação e respeito. As instituições de Educação Infantil precisam ser acolhedoras, atraentes, estimuladoras, acessíveis às crianças e ainda oferecer condições de atendimento às famílias, possibilitando a realização de ações socioeducativas.

As crianças, nas instituições de Educação Infantil, precisam:

- De ações sistemáticas e continuadas que visam a fornecer informações;
- Realizar vivências através de atividades lúdicas;
- Aprimorar conhecimentos.

Henri Wallon (1975), médico, psicólogo e filósofo francês, desvendou que as crianças têm corpo e emoções e não apenas "crânio" em sala de aula. Sua teoria pedagógica diz que a expansão do intelecto envolve muito mais do que uma simples "massa craniana". Wallon foi o primeiro a levar não só o corpo da criança, mas também suas emoções para a sala de aula. Ele considera a criança como um ser social desde a hora do nascimento e que ela proclama processos afetivos através da emoção.

O autor também considera o ser humano como um todo: afetividade, emoções, movimento e espaço físico se encontram num mesmo plano. Acredita que a afetividade tem uma função principal no desenvolvimento do ser humano, é através dela que a criança mostra seus desejos e suas vontades.

Nas palavras de Wallon, a criança, nas suas mudanças fisiológicas, revela traços importantes de caráter e personalidade. Percebemos que a alegria, a raiva, o medo, a tristeza e os sentimentos mais profundos ganham função relevante na relação da criança com o meio. Para o autor, afetividade, emoções, movimento e espaço físico se encontram num mesmo plano. Sendo assim, fundamenta sua tese em quatro elementos básicos que se inter-relacionam com a afetividade.

São eles:

• Movimento;

• Inteligência;

• Formação do eu como pessoa.

O **movimento**, segundo Wallon (1975), depende basicamente da organização dos ambientes para as crianças se movimentarem, se expandirem. A motricidade possui caráter pedagógico pela propriedade do gesto e do movimento quanto à sua representação. Wallon diz que as instituições, de uma maneira geral, persistem em imobilizar as crianças numa carteira ou mesa, restringindo justamente a fluidez das emoções e do pensamento, imprescindíveis para o desenvolvimento completo da pessoa.

A **inteligência**, de acordo com estudiosos, é a faculdade de pensar, de ver, ou conhecer as coisas em seus elementos, e as relações que elas têm entre si. Para Wallon, o desenvolvimento da inteligência depende fundamentalmente de como cada criança faz as distinções com a realidade externa. Existe um conflito permanente porque as ideias se misturam entre o mundo interior, cheio de sonhos e fantasias, e a realidade, cheia de símbolos, valores sociais e culturais. É nas soluções dos conflitos que a inteligência evolui. Dessa forma, Wallon acredita que a criança estabelece uma série de boas e novas descobertas.

O **eu como pessoa** – A construção do eu na teoria de Wallon (1977) depende necessariamente do outro, para ser referência ou para ser negado. Principalmente a partir do momento em que a criança começa a viver a chamada crise de oposição, em que a negação do outro funciona como uma espécie de instrumento da descoberta de si mesma. Essa descoberta ocorre aos três anos, é a hora de saber que "eu" sou. Nesta fase é comum agredir as pessoas, jogar-se no chão para alcançar o que se almeja, fazer chantagem emocional com os pais e educadores, como também imitar as pessoas.

Wallon (1975) define o conhecimento através do emocional, do cognitivo e do social. O desenvolvimento da criança é profundamente influenciado pelo tipo de adulto que cada sociedade deseja formar, dado que as potencialidades psicológicas existentes são crucialmente dependentes do sistema de ideias, da cultura e do contexto social onde desenvolve a criança.

Piaget (1970) diz que os organismos vivos podem adaptar-se geneticamente a um novo meio e que existe também uma relação evolutiva entre a pessoa e o seu meio. Para ele (PIAGET, 1987), a criança reconstrói suas ações e ideias quando se relaciona com novas experiências ambientais. O cognitivo está em preeminência em relação ao social e o afetivo. O conhecimento se constrói na interação homem-meio, sujeito-objeto. Conhecer consiste em atuar sobre o real e transformá-lo a fim de compreendê-lo, é algo que se dá a partir da ação do sujeito sobre o objeto de conhecimento.

Segundo Piaget (1987), para a criança adquirir pensamento e linguagem deve passar por várias fases de desenvolvimento psicológico, partindo do individual para o social. O autor acredita que o desenvolvimento mental se dá espontaneamente, a partir das potencialidades e da interação com o meio. O processo de desenvolvimento mental é lento, ocorre por meio de graduações contínuas e através dos seguintes estágios:

• Período da inteligência sensório-motora;

• Período da inteligência pré-operatória;

• Período da inteligência operatório-concreta;

• Período da inteligência operatório-formal.

No período sensório-motor (de 1 a 3 anos) predominam as atividades de exploração e de conhecimento do mundo social e físico. Nesta fase a lógica da criança não está presente, predominam as relações cognitivas entre ela e o meio. Dos 3 aos 6 anos, no período pré-operatório, aparecem as imitações e a criança dá significado para sua própria ação. Os fatores responsáveis pelo desenvolvimento, para Piaget, são maturação, experiência física e lógico-matemática, experiência social, motivação, equilibração (que para Piaget é o problema central do desenvolvimento), interesse e valores.

Para Vygotsky (1987), porém, as pessoas não nascem como um copo vazio, elas são formadas de acordo com as experiências às quais são submetidas. Ele enfatiza que o desenvolvimento da criança é produto dos estabelecimentos sociais e sistemas educacionais, como a família e a Igreja, que ajudam a criança a construir seu próprio pensamento e a descobrir o significado da ação do outro e da sua própria ação. Sua teoria defende que a criança só aprende adequadamente quando compreende a lógica presente nos processos biológicos e culturais que se estruturam. Ou seja, a criança compreenderá as coisas, dependendo das pessoas, que mostraram ações, movimentos e formas de expressão.

A teoria de Vygotsky apoia-se no entendimento de um sujeito interativo que organiza seus conhecimentos sobre os objetos num processo mediado pelo outro. Ainda para Vygotsky a aprendizagem tem um papel fundamental para o desenvolvimento do saber, do conhecimento. Ele explica a conexão entre a aprendizagem e o desenvolvimento através da zona proximal (distância entre os níveis de desenvolvimento potencial e nível de desenvolvimento real), um espaço ativo entre as dificuldades que uma criança pode resolver sem ajuda (nível de desenvolvimento real), e as que deverá resolver com a ajuda de outro sujeito mais capaz naquele instante, para depois chegar a dominá-las por si mesma (nível de desenvolvimento potencial).

Wallon e Piaget propõem estágios de desenvolvimento, porém Wallon não é favorável à ideia de que a criança cresce de maneira linear. O desenvolvimento humano pode ter crises, ou seja, uma criança não é capaz de se desenvolver sem conflitos. Ela se desenvolve com seus conflitos internos e, para Wallon, cada estágio estabelece uma maneira específica de interação com o outro, é um desenvolvimento conflituoso.

Vygotsky valoriza o trabalho em grupo, ao contrário de Piaget, que considera a criança como construtora do seu próprio conhecimento de forma individual. Assim como Vygotsky, Wallon acredita que o social é indispensável.

Para Winnicott (1982), a criança busca, ao participar de uma atividade lúdica, prazer, para mostrar agressividade, para controlar a ansiedade, para estabelecer contatos sociais, para realizar a integração da personalidade, e, por fim, para comunicar-se com as pessoas.

Tanto Wallon como Piaget, Vygotsky e Winnicott, partem do princípio de que é preciso compreender a ação do sujeito no processo do conhecimento.

É notório que nos primeiros anos da infância encontram-se as expressões criativas que se conjeturam nas atividades lúdicas. É por meio dessas atividades que a criança combina fatos entre si e constrói novas realidades de acordo com suas necessidades.

Nas atividades lúdicas também acontecem todas as experiências adquiridas pela criança, propiciando novas conquistas individuais e coletivas.

Podemos acreditar que a criança vai construindo seu conhecimento de mundo de modo criativo, lúdico, modificando a realidade com os recursos da sua imaginação. Precisa ser sempre respeitada, pois seu mundo é mutante e acaba oscilando entre a fantasia e a realidade.

2
Conceitos, benefícios e tipos de atividades lúdicas

É uma forma de brincar e de lidar com os próprios pensamentos.

Atividade lúdica é toda e qualquer animação que tem como intenção causar prazer e entretenimento em quem a pratica.

São lúdicas as atividades que propiciam a experiência completa do momento, associando o ato, o pensamento e o sentimento. A atividade lúdica pode ser uma brincadeira, um jogo ou qualquer outra atividade que vise proporcionar interação. Porém, mais importante do que o tipo de atividade lúdica é a forma como ela é dirigida e vivenciada, e o porquê de sua realização.

Toda criança que participa de atividades lúdicas adquire novos conhecimentos e desenvolve habilidades de forma natural e agradável, gerando um forte interesse em aprender e garantindo o prazer. Podemos verificar através das atividades lúdicas o que a criança:

• Faz;

• Como organiza este fazer.

Na Educação Infantil, por meio das atividades lúdicas, a criança brinca, joga e se diverte. Ela também age, sente, pensa, aprende e se desenvolve. As atividades lúdicas podem ser consideradas tarefas do dia a dia na Educação Infantil.

Para Luckesi (1998), a atividade lúdica é a ação que pode propiciar a plenitude da experiência, por isso proporciona prazer ao ser humano, seja como exercício, como jogo simbólico ou como jogo de regras. Ele afirma, ainda, que uma atividade lúdica pode não ser divertida.

De acordo com Teixeira (1995), vários são os motivos que induzem os educadores a apelar às atividades lúdicas e utilizá-las como um recurso pedagógico no processo de ensino-aprendizagem.

Segundo Schwartz (2002), a criança é automotivada para qualquer prática, principalmente a lúdica. Ela tende a notar a importância de atividades para o seu desenvolvimento, favorecendo o retorno e a manutenção de determinadas atividades.

Huizinga (1996) diz que numa atividade lúdica existe algo "em jogo" que transcende as necessidades imediatas da vida e confere sentido à ação.

As atividades lúdicas promovem ou restabelecem o bem-estar psicológico da criança. No contexto de desenvolvimento social da criança, tais atividades são parte do repertório infantil e integram dimensões da interação humana necessária na análise psicológica (regras, cadeias comportamentais, simulações ou faz de conta, aprendizagem observacional e modelagem) (SCHAEFER, 1994).

Toda a atividade lúdica pode ser aplicada em diversas faixas etárias, mas pode sofrer intervenção em sua metodologia de aplicação, na organização e nas suas estratégias, de acordo com as necessidades peculiares das faixas etárias. As atividades lúdicas têm capacidade de desenvolver várias habilidades na criança, proporcionando-lhe divertimento, prazer, convívio profícuo, estímulo intelectivo, desenvolvimento harmonioso, autocontrole e autorrealização. Não só as crianças são beneficiadas pelas atividades lúdicas, mas também os professores.

O prazer está presente nas atividades lúdicas. A criança fica absorvida de forma integral. Cria-se um clima de entusiasmo. Podemos ressaltar que grandes educadores do passado já reconheciam a importância das atividades lúdicas no processo de ensino-aprendizagem. A criança se expressa, assimila conhecimentos e constrói a sua realidade quando está em alguma atividade lúdica. Ela também espelha a sua experiência, modificando a realidade de acordo com os seus gostos e interesses.

São vários os benefícios das atividades lúdicas, e entre eles estão:

- Assimilação de valores;

- Aquisição de comportamentos;

- Desenvolvimento de diversas áreas do conhecimento;

- Aprimoramento de habilidades;

- Socialização.

Quanto aos tipos de atividades lúdicas existentes, são muitas, e podemos citar:

- Desenhar;

- Brincar;

- Jogar;

- Dançar;

- Construir coletivamente;

- Ler;

- Usar softwares educativos;
- Passear;
- Dramatizar;
- Cantar;
- Fazer teatro de fantoches, etc.

A criança pequena pensa e reproduz fatos que a cercam, para os quais conduz sua atenção bastante curiosa. A Educação Infantil é um espaço original, onde crianças pequenas podem se desenvolver como indivíduos ativos e criadores. Sua função é promover aprendizagens significativas, por meio de atividades lúdicas, que são formas de representação através das quais se revela o mundo interior da criança.

Se a instituição de Educação Infantil puder proporcionar à criança pequena um espaço com muitas atividades lúdicas, estará propiciando melhores condições para que ela seja apta a, em diferentes circunstâncias, aprender por si mesma, conhecendo suas capacidades e limitações.

3
Elementos básicos da educação psicomotora

> Devemos desenvolver na criança a capacidade motriz, expressiva e criativa a partir do corpo, que a levará a situar-se em alguma atividade e interessar-se pelo movimento e pela ação propriamente dita.

Os elementos básicos, condições mínimas indispensáveis para uma boa aprendizagem, constituem-se na estruturação da educação psicomotora. Trata-se de uma educação global que, associada aos potenciais afetivos, sociais, intelectuais e motores da criança, amplia as possibilidades do uso significativo de seus gestos e posturas corporais, desenvolvendo assim a sua motricidade.

Segundo Le Boulch (1983), a educação psicomotora é entendida como uma metodologia de ensino que instrumentaliza o movimento humano enquanto meio pedagógico para favorecer o desenvolvimento da criança.

O movimento humano é uma linguagem que permite à criança agir sobre o meio físico e atuar sobre o ambiente humano, leva a criança a expressar seus sentimentos e pensamentos. Na Educação Infantil, a educação psicomotora deve ser ministrada com diferenciação por faixa etária e sempre respeitar as diferenças individuais e o grau de maturidade das crianças.

A educação psicomotora é considerada por estudiosos um meio essencial de valorização pessoal que possibilita a aprendizagem gestual, permitindo ainda o aperfeiçoamento do comportamento geral, além de propiciar à criança um melhor desenvolvimento através da movimentação corporal.

De acordo com Rubem Alves (1995), a educação psicomotora inclui a corporeidade, o prazer e a vida.

Carvalho (1996) define a educação psicomotora, como uma educação do ser humano nos seus aspectos: corporais, motores, emocionais, intelectuais e sociais.

Devemos conduzir a educação psicomotora de forma recreativa (lúdica), levando a criança a fazer uso de diferentes gestos, posturas e expressões corporais com intenções educativas, ou seja, objetivando desenvolver áreas específicas como: coordenação motora, ritmo, equilíbrio, agilidade, etc. Fazendo com que a criança se sinta segura para aventurar-se e vencer novos desafios, proporcionando conhecimento ao redor de si mesma, dos outros e do ambiente em que vive.

Os elementos básicos da educação psicomotora são:

• Esquema corporal;

• Lateralidade;

• Estruturação espacial;

• Orientação temporal.

Esquema corporal

É um componente imprescindível para a formação da personalidade da criança. É o perfil relativamente completo e diferenciado que a criança tem do seu próprio corpo, da sua própria pessoa. A criança se sente bem à medida que conhece o seu corpo e pode utilizá-lo para movimentar-se e agir.

A criança deverá conhecer as partes do corpo e suas funções, como também perceber seu corpo em relação ao meio e diferenciá-lo dos objetos.

Lateralidade

É a capacidade de dominar os dois lados do corpo juntos ou separadamente. É importante que haja a argúcia da diferença entre direita e esquerda, é imprescindível também que se tenha noção de distância entre elementos posicionados tanto do lado direito como do lado esquerdo.

No primeiro ano de vida as crianças não têm preferência por nenhum lado. Aos dois anos, quase todas já definiram sua lateralidade, continuam ainda usando ambas as mãos, mas gradativamente fixam a preferência por uma delas, ainda que depois surjam breves ocasiões de troca de uso das mãos. Podemos dizer que aos seis anos a criança já possui a definição completa de sua lateralidade.

De acordo com Negrine (1987), a dominância lateral se refere ao espaço interno do indivíduo, capacitando-o a utilizar um lado do corpo com maior desembaraço do que o outro, em atividades que requeiram força ou agilidade.

Segundo Coste (1981: 64), "A dominância lateral só se desenvolverá a partir do momento em que os movimentos se combinam e se organizam numa intenção motora".

Para Le Bouch (1982), a lateralidade tem início a partir dos dois anos de idade. Durante um período denominado por ele como "discriminação perceptiva", elabora-se na criança a predominância lateral, entretanto a lateralidade só pode ser definida após os cinco anos de idade.

Estruturação espacial

É o modo como a criança se acha no espaço e situa as pessoas e os objetos (um indivíduo ou objetos em relação a outros). Exemplo: (o carrinho está debaixo da cadeira). É também saber orientar-se, ir para frente, para trás, para a direita e à esquerda, para baixo, para cima. Neste contexto a dominância lateral é de grande importância.

Até os dois anos e meio, o ambiente é um lugar no qual a criança se molda, ampliando seus gestos ordenados em função de uma meta a ser alcançada. Dos 3 aos 6 anos, a criança reproduz os elementos do ambiente, desvendando formas e dimensões.

Na estruturação espacial, a criança tem consciência do seu próprio corpo em um ambiente, do lugar e da orientação que pode ter em relação a pessoas e objetos. Tem possibilidade de organizar-se perante o mundo que a cerca, como também de organizar os objetos entre si, de colocá-los em um lugar e de movimentá-los.

As estratégias mais utilizadas referentes à estruturação espacial são: cantigas, jogos e brincadeiras. Ao planejar as brincadeiras, jogos ou brinquedos cantados, o educador deve inserir atividades que mostrem o que é:

- Em cima;
- Embaixo;
- Em frente;
- Grande;
- Pequeno;
- Alto;
- Baixo;
- Dentro;

- Fora;
- Ao lado;
- Maior;
- Menor;
- Longe;
- Perto;
- Largo;
- Estreito.

Orientação temporal

É a capacidade que a criança possui de situar-se frente a muitos acontecimentos: antes, após e durante. Como também da duração dos intervalos. Exemplos:

- Noções de tempo longo e curto (uma hora, um minuto);
- Noções de cadência lenta ou rápida (diferença entre o andar e o correr);
- Noções de certos dias da semana, meses ou estações;
- Noções do tempo que já passou ou do que virá;
- Noções de envelhecimento (pessoas, plantas e animais).

A criança precisa identificar os conceitos temporais, evidenciar a organização rítmica, através de atividades que lhe mostrem o que é:

- Dia/noite;
- Manhã/tarde/noite;
- Cedo/tarde;

- Hoje/agora;
- Antes/depois;
- Ligeiro/devagar;
- Lento/moderado/rápido.

Através da educação psicomotora a criança poderá explorar o recinto em que se encontra, passar por experiências concretas, imprescindíveis ao seu desenvolvimento intelectivo, sendo capaz de tomar consciência de si mesma e do mundo que a cerca. Desta forma, acredito que a educação do movimento é o ponto de partida das futuras aquisições de aprendizagens. As atividades lúdicas na Educação Infantil devem centrar-se nas habilidades motoras, ficando compreendidas nos domínios dos demais elementos da educação psicomotora já citados anteriormente.

4
Sugestões de atividades referentes ao esquema corporal, à lateralidade e à orientação espacial e temporal

Sugestões de atividades referentes ao esquema corporal:

• Andar, correr de diversas maneiras: na ponta dos pés, nos calcanhares, nas bordas internas e externas dos pés.

• Caminhar sobre linhas traçadas no chão, uma criança à frente da outra.

• Caminhar com passos curtos ou largos, com apoio das mãos e dos pés.

• Pular com os pés juntos e depois alternando os pés.

• Mover a cabeça.

• Mostrar os olhos, nariz, boca, etc.

• Segurar e passar objetos com as mãos e com os pés.

• Movimentos com a mão direita ou esquerda, pé direito ou esquerdo, para esquerda ou para direita. Estes exercícios têm como objetivo observar a lateralidade dominante da criança.

• Utilização de atividades rítmicas que propiciem a exploração de movimentos.

• Transportar objetos com a cabeça, com as mãos, com os pés, explorando as diversas partes do corpo.

• Subir e descer escadas, rampas, explorando os movimentos de várias partes do corpo.

Sugestões de atividades referentes à lateralidade:

• De pé, elevar e abaixar o braço direito. Fazer o mesmo com o braço esquerdo.

• De pé, elevar os dois braços, depois abaixá-los.

• Pedir que a criança chute uma bola e observar qual a lateralidade do pé usado.

• Com as plantas dos pés no chão, equilibrar o corpo para frente, para trás, para direita e para esquerda.

• Sentados, braços apoiados ao lado do corpo, pernas esticadas, elevar a perna direita, abaixá-la, posteriormente elevar a esquerda, depois abaixá-la também.

Com o objetivo de que a criança apresente lateralidade definida e mostre o seu domínio corporal, podemos pedir-lhe para:

• Ficar em pé, elevar o braço direito, relaxar a mão direita e o braço direito;

• Ficar em pé, elevar o braço esquerdo, relaxar a mão esquerda e o braço esquerdo;

• Ficar em pé, elevar os dois braços, relaxar as mãos e os braços;

• Ficar com a planta dos pés no chão, equilibrar o corpo para trás e para frente, para direita e para a esquerda;

• Fazer circundação do corpo para a direita e para a esquerda.

Sugestões de atividades referentes à estruturação espacial:

• Mostrar para a criança como se anda para frente, para trás, para direita e para esquerda. Depois, junto com a criança, executar todos os movimentos feitos anteriormente.

• Ensinar a criança a ficar em fila.

• Pedir para a criança colocar as mãos para cima e depois para baixo.

Sugestões de atividades, referentes à orientação temporal:

• Pedir que a criança ande até o final da sala de aula, (devagar e depressa), alternando o ritmo.

• Pedir que a criança bata palmas, bata os pés, bata as mãos sobre a mesa, em vários ritmos (lento, moderado e rápido), dentro de um espaço de tempo.

• Fazer painéis que contenham ideias.

Para apurar os sentidos da criança de forma que ela possa perceber as orientações e as posições de cada parte do seu corpo, do seu corpo como um todo e dos objetos no espaço, podemos:

• Usar arcos e pneus para identificar dentro e fora;

• Delimitar um espaço no chão com fita crepe ou barbante para trabalhar noções de distância, direção e colocação;

• Por meio de cantos e expressão corporal, a criança poderá ter percepção rítmica, expressar-se através de dramatizações, danças ou cantos que exijam movimentos de locomoção associados ao ritmo, exercícios de observação e repetição de palmas, batidas de pés, etc.

5
Atividade organizadora e características do comportamento da criança na Educação Infantil

Precisamos saber o que cada fase da criança representa para o seu aprendizado. Devemos saber respeitar cada fase e ter resignação para com os desafios que cada uma apresentará.

> *A criança ingressa num mundo de relações sociais que lhe abrirá todas as possibilidades de aprendizado e de constituição de si mesma como sujeito.*

MONTE & BÚRIGO, 2003: 35.

Para Monte e Búrigo (2003: 9), os primeiros seis anos de vida são de máxima importância para o desenvolvimento do ser humano, pois, ao longo deles, instauram-se e consolidam-se as bases fundamentais para o desenvolvimento da personalidade.

Após o nascimento, por meio dos cinco sentidos, o bebê começa a perceber o mundo que o rodeia. Nesta etapa o cérebro tem um bom desenvolvimento, caso a sua mãe o amamente e o afague.

Ainda de acordo com Monte e Búrigo (2003), a atividade organizadora do comportamento da criança passa pelas seguintes fases:

Até 6 meses

A atividade organizadora do comportamento do indivíduo está no convívio afetivo e emocional com os adultos.

De 6 meses a 3 anos

O comportamento do sujeito é organizado a partir das *ações objetais-manipuladoras*. A criança reproduz os procedimentos e ações com os objetos e coisas elaborados socialmente (*imitação*). São pronunciadas as primeiras palavras e tem início o processo de construção de seus significados e sentidos.

De 3 a 6 anos

O *faz de conta* é a atividade organizadora do comportamento da criança. Passam a se constituírem e a se desenvolverem a *imaginação criadora* e os *processos de representação semióticos* (ações representacionais corporais com uso de suportes materiais ou pivôs que articulam a expressão oral, o repertório gestual e o grafismo infantil).

Seguindo o pensamento de outros estudiosos, podemos concluir que a forma de comunicação do recém-nascido com o mundo é o choro. Esta é a maneira mais poderosa de conseguir chamar a atenção das pessoas, tentando revelar o que está sentindo. O recém-nascido chora não somente porque está com fome ou dor, chora para demonstrar que algo o aflige. Geralmente um jeito tranquilizador é pegá-lo no colo ou conversar com ele. Isto o acalmará, pois ele pode simplesmente querer sentir-se protegido, amparado e amado.

Podemos conhecer os tipos de choro. Os recém-nascidos não são idênticos; deste modo, o choro varia de um para o outro.

Seguem abaixo alguns de tipos de choro:

Quando o bebê está com fome: ele geme, seu gemido é semelhante a um apelo que não para com afago, o bebê só irá parar de chorar quando ele estiver alimentado e satisfeito.

Quando o bebê sente dor: seu grito é exasperado, seguido de um pequeno intervalo.

Quando o bebê está com a fralda molhada, suja ou com roupa desconfortável: seu choro é fraco, mas estridente.

Quando o bebê está com cólica: seu choro é agudo e intenso, normalmente leva o bebê a estirar e encolher as perninhas e fazer cara de dor.

Quando o bebê sente calor ou frio: seu choro é abundante de desconforto.

Quando o bebê teve um dia agitado: seu choro é meloso.

Quando o bebê está com sono: ele fica agitado e chora.

Quando o bebê está emocionalmente abalado: seu choro geralmente é acompanhado de soluços, como se o bebê estivesse meio "engasgado e com raiva".

Notamos que na primeira infância, que segundo especialistas é *do nascimento aos três anos*, ocorre rapidamente o desenvolvimento físico, as habilidades motoras, a compreensão e a fala. Nesta fase o interesse em estar no convívio com outras crianças aumenta. A criança durante esta fase é ativa, aprende por meio de experiências sensoriais, isto é, tocando, apalpando, ouvindo, movimentando-se. Toda criança fala e ouve com o corpo todo.

Já na segunda infância, *de 3 a 6 anos*, as habilidades motoras simples e as complexas aumentam, o comportamento é predominantemente egocêntrico. As brincadeiras são mais criativas, a imaginação torna-se mais organizada. O cuidado sobre si mesmo, a independência e a autonomia aumentam. Os pais e pessoas próximas ainda são o centro de existência, apesar de que outras crianças passam a ser também importantes. A criança lentamente começa a entender melhor o mundo ao seu redor, a aprender que neste mundo há normas que necessitam ser obedecidas. Apesar de ser bastante egocêntrica, começa a desenvolver aspectos fundamentais de responsabilidade e de independência, preparando-se para a próxima etapa da infância, os anos iniciais da escola. As crianças nesta faixa etária, em geral, são altamente ativas e estão constantemente explorando o mundo à sua volta. Passam a saber que na sociedade em que estão inseridas existem coisas que elas podem ou não fazer.

Assim sendo, a criança, dos 3 aos 6 anos, muitas vezes prefere brincar sozinha a brincar com outras crianças da mesma faixa etária. No final desta faixa etária uma criança geralmente já sabe diferenciar os sexos masculino e feminino, também já começa a ter suas próprias preferências, como roupas e divertimento, já entende mais o mundo ao seu redor, tornando-se gradativamente menos egocêntrica e vai compreendendo cada vez mais que seus atos podem comprometer as pessoas à sua volta, passando a compreender que outras pessoas também possuem seus próprios sentimentos. Toda criança nasce com uma gama de necessidades e impulsos que seu temperamento humano a impele a satisfazer. Estas necessidades compreendem aquelas indispensáveis à sobrevivência física, ao aconchego e a aceitação igualitária.

Após vários estudos e experiências com crianças na Educação Infantil, cito abaixo outras características que crianças na faixa etária *de 18 meses a 6 anos* de idade apresentam.

• Apego aos pais e a outras pessoas – isto acontece aproximadamente no final do primeiro ano de vida.

• Na Educação Infantil, têm grande necessidade de afeição. Por meio de gestos visíveis de amor dos pais e educadores a criança será capaz de se desenvolver com maior segurança e equilíbrio emocional.

• Começam a fazer manhas, ocasionalmente após os dezoito meses de idade e atingindo o auge de manhas perto dos 2 anos, desaparecendo aos 3 anos.

• A criança é egocêntrica, centrada em si própria, pensa que tudo existe por causa dela, para ela e por ela e não consegue se colocar, abstratamente, no lugar do outro. Quando a criança aprende a conviver com outras pessoas é que aprende as normas da convivência e deixará de ser egocêntrica.

• A criança desvenda firmemente o seu ambiente por meio de gestos imitativos do costume de amigos, irmãos, de adultos que a cercam, sobretudo através de gestos dos pais.

• Ainda não estabelece uma regra própria e constante de sentimentos, interesses, valores e reações sociais.

• Não acolhe a opinião do casual e tudo deve ter um esclarecimento (fase dos "porquês").

• Não sabe ainda lidar com as decepções, com os fracassos do cotidiano, sente-se frustrada, e a raiva e a impaciência são maneiras de expor seus sentimentos.

• Possui astúcia plena, mas não discrimina detalhes.

• Deixa-se levar pela aparência, não relaciona acontecimentos.

• Para a criança na Educação Infantil, a realidade e a fantasia se misturam. A criança possui uma capacidade imensa de fantasiar e algumas arrumam amigos fantasiosos e lhes atribuem atos e por vezes culpas.

• Por volta dos 3 anos a criança já mostra sua identidade pessoal. Gradualmente, a criança percebe seu corpo e a sua individualidade durante o desenvolvimento.

• A partir dos 5 anos de idade a criança passa a dar um grande valor à amizade.

As crianças pequenas pensam e espelham teorias sobre os acontecimentos que as cercam e para os quais conduzem sua atenção curiosa. Se a Educação Infantil puder proporcionar à criança um ambiente onde, por meio de atividades lúdicas significativas, ela possa desenvolver suas condições de pensamento (seus esquemas de informações sobre acontecimentos), tanto a escola como o educador estarão criando as melhores condições para que a criança possa aprender, ou seja, para que venha a ser capaz de realizar aprendizagens por si mesma em diferentes situações.

6
A importância de renovar práticas educativas na Educação Infantil e sugestões de um ambiente propício para a aprendizagem

O educador é o responsável pelo avanço do processo de ensino-aprendizagem; cabe a ele desenvolver novas práticas educativas que permitam às crianças um maior aprendizado.

Todo educador tem ampla responsabilidade na renovação das práticas educativas, pois ele, na medida do possível, faz surgir novas práticas educativas propondo novas intenções educativas de desenvolvimento, só alcançáveis por meio dele mesmo.

Durante as atividades lúdicas, os educadores podem perceber traços de personalidade do educando, de seu comportamento individual e coletivo e o ritmo de seu desenvolvimento. O ato de divertir-se vai oportunizar as vivências às vezes inocentes e simples da essência lúdica das crianças, possibilitando o aumento da autoestima, o conhecimento de suas responsabilidades e valores, a troca de informações e experiências corporais e culturais, por meio das atividades de socialização.

Santos (2001: 53) descreve: "A educação pela via da ludicidade propõe uma nova postura existencial, cujo paradigma é um novo sistema de aprender brincando inspirado numa concepção de educação para além da instrução".

Sem dúvida, as atividades lúdicas nas práticas educativas não devem ser aplicadas sem nenhuma intenção educativa. Elas ao serem aplicadas devem mostrar explicitamente a intenção de provocar aprendizagem significativa na criança, despertando-a para a reconstrução ou construção de novos conhecimentos.

As atividades lúdicas devem ser utilizadas no cotidiano das crianças. Quando o educador insere uma atividade lúdica num tema a ser abordado, a atividade lúdica deve se constituir em um auxílio eficiente ao alcance de uma finalidade, dentro do plano pedagógico do educador. Ele poderá manter ou substituir a atividade lúdica aplicada por outras atividades, caso perceba que a atividade aplicada ficou distante das metas pretendidas.

As atividades lúdicas são instrumentos pedagógicos altamente importantes, mais do que entretenimento, são um auxílio indispensável para o processo de ensino-aprendizagem, que propicia a obtenção de informações em perspectivas e dimensões que perpassam o desenvolvimento do educando. A ludicidade é uma tática insubstituível para ser empregada como estímulo no aprimoramento do conhecimento e no progresso das diferentes habilidades.

O educador deve ser capaz de refletir sobre seus conhecimentos didáticos elucidados pelas avaliações das suas próprias práticas. Precisa compreender as mudanças educacionais que acontecem na sociedade atual, conscientizando-se que já não detém sozinho o domínio da difusão do conhecimento, tendo de acolher as novas formas de aprendizagem que já não são unidimensionais e são muito influenciadas pela tecnologia. Sendo assim, o educador precisa munir-se de diferentes ferramentas, pois os educandos não conseguem concentrar-se apenas em uma atividade por mais que uma reduzida quantidade de tempo.

Para que ocorram aprendizagens significativas é importante, ao mesmo tempo, que a criança se mostre correspondente em relação às atividades lúdicas propostas, que esteja motivada para relacionar o que está aprendendo com o que já sabe. A criança estabelece relações entre as novas informações e os seus esquemas de conhecimento. Essa atividade é de natureza interna, se dá no nível do pensamento da criança a partir das condições de informações que ela já construiu.

O construtivismo é a teoria de Brunner (1969) na qual o aprendizado é um processo ativo, onde os aprendizes constroem novas ideias ou conceitos, baseados em seus conhecimentos passados e atuais.

Podemos concluir que quanto mais os temas de aprendizagens, conceitos, fatos e habilidades forem interessantes e puderem ser concretamente usados pela criança, mais significativos estes conhecimentos se tornarão para ela. Cabe ao educador diversificar seus métodos de ensino e fazer das aulas momentos significativos.

A formação do educador é um processo que nunca tem fim. Não há limites para pesquisa, reflexões e leituras.

Seguem abaixo sugestões para profissionais da Educação Infantil, de como tornar o espaço da sala de aula aconchegante, divertido, descontraído, propiciando o aprendizado dentro de uma visão lúdica, criando uma junção de aproximação entre o educador e o educando.

• Todo o educador deverá conhecer as necessidades básicas da criança, suas características evolutivas e ter dados referentes aos aspectos de saúde, higiene e nutrição. (Todas estas informações devem ser passadas pelos pais ou responsável pela criança em entrevista prévia, constando na ficha de matrícula de cada criança, em creches ou escolas.)

• O educador deve conhecer o processo de desenvolvimento da criança, desenvolver sua criatividade natural e inovadora. Deve explorar as manifestações lúdicas infantis, através do livre arbítrio, para a criança se expressar e expor a sua criatividade.

• É fundamental que o educador privilegie, no planejamento das atividades lúdicas diárias, a experiência de vida dos educandos, procurando enriquecê-las com novas informações no sentido de aumentar seu leque de conhecimentos, possibilitando aprendizagens menos complexas ao educando e levando-o ao sucesso garantido.

• Para que o educador construa novos conhecimentos tanto para beneficiar a construção de propostas educativas no processo ensino-aprendizagem, ele precisa desenvolver uma postura criativa, perceptiva e reflexiva.

• O conhecimento do mundo deve ser levado para o educando, buscando desenvolver nele uma postura investigativa que o torne capaz de constituir ideias que considerem a multiplicidade de maneira pessoal, social e cultural.

• É preciso que o educador estabeleça uma relação afetiva próxima e constante com as crianças, lançar um olhar cuidadoso sobre suas necessidades afetivas, intelectuais, físicas e motoras.

• Toda criança pequena carece de muita atenção e acompanhamento em relação às suas manifestações, a exploração do ambiente, de seu corpo e de si própria para que seja capaz de se desenvolver. O conhecimento da criança e de sua singularidade é muito importante e o respeito por ela é essencial.

• Deve-se proporcionar ao educando a vivência de diferentes formas de brincar.

• Antes de aplicar uma atividade lúdica, o educador deve saber criar, organizar, agir, mostrar, ajudar e avaliar a atividade proposta.

• As atividades lúdicas planejadas devem fundar-se nas necessidades e interesses das crianças, pois elas são insaciáveis para descobrir, conhecer e indagar. As crianças interam-se rapidamente e anseiam por expor sua desenvoltura.

Desse modo, percebe-se a importância das atividades lúdicas na Educação Infantil, visto que proporciona uma maior interação entre a criança e o aprendizado, fazendo com que os conteúdos fiquem atrativos e as crianças mais interessadas. Nota-se assim que cabe ao educador inovar sempre as suas práticas educativas, inserindo atividades lúdicas no processo de ensino-aprendizagem.

7
Quarenta dicas de atividades lúdicas para a Educação Infantil

1. Enfeitando desenhos

Material: Folhas de papel, cola, fios de barbante ou fios de lã coloridos.

Desenvolvimento: Sugerir às crianças que façam desenhos livres em folhas de papel de embrulho. Em seguida, elas podem enfeitar o desenho colando barbantes ou fios de lã coloridos. Orientar as crianças para fazerem colagem de fios, seguindo critérios e cor: Exemplo: Colar só fios vermelhos, ou só fios amarelos. Os fios podem ser de várias texturas e espessuras.

2. Verão ou inverno

Material: Tesoura, revistas velhas, cola, cartolina ou papel pardo.

Desenvolvimento: Conversar com as crianças sobre o verão e o inverno, conduzir a conversa para a descrição de roupa que as pessoas usam nos dias frios e nos dias quentes. Recortar de revistas, que mostrem roupas para os dias frios e dias quentes. Montar um cartaz com as crianças sobre o tema.

3. Percorrer labirinto

Material: Mesas e cadeiras.

Desenvolvimento: Organizar um labirinto com mesas e cadeiras. Mostrar para as crianças como percorrer um labirinto. Pedir às crianças que o percorram, respeitando os espaços bloqueados e descobrindo outras saídas.

4. Unindo fios da mesma cor

Material: Mesa, pedaços de fios de barbante ou lã coloridos.

Desenvolvimento: Espalhar, em uma mesa, vários pedaços de barbante ou lã de cores diferentes. Convidar uma criança para unir os fios da mesma cor.

5. Recorte a dedo e colagem

Material: Revistas ou jornais, cola e papel sulfite.

Desenvolvimento: Sugerir às crianças que recortem a dedo jornais ou revistas. Em seguida, elas escolhem alguns recortes a dedo e colam numa folha de papel.

6. Jogo das latinhas

Material: Giz colorido (três cores diferentes), latinhas encapadas com papel da mesma cor que serão feitos os círculos.

Desenvolvimento: Traçar com giz colorido, de cores diferentes, três círculos grandes no chão. Em cada círculo, colocar latinhas encapadas com papel da mesma cor que foi feito o círculo. Dividir a turma em três grupos. Exemplo: a equipe rosa, a equipe azul e a equipe verde. O participante de cada equipe, um a um, deverá transportar as latinhas da cor de sua equipe para o círculo correspondente.

7. História coletiva

Material: Nenhum.

Desenvolvimento: Todos sentados em círculo, o educador propõe a criação de uma história coletiva. Pode começar a história assim: "Um dia fui ao zoológico e vi uma cobra enorme", em seguida o educador chama uma criança, e pergunta: – O que você viu? A criança deverá dizer o que viu e assim sucessivamente.

8. Explorando os termos grande e pequeno

Material: Nenhum.

Desenvolvimento: Todos sentados em círculo, o educador combina com as crianças que batam palmas quando ele mostrar um objeto grande, e que fiquem em silêncio quando ele mostrar um objeto pequeno.

9. Brincar de crescer

Material: Nenhum.

Desenvolvimento: Propor às crianças uma dramatização do crescimento. Primeiramente mostrar que são pequenos e que se parecem com uma bolinha. O educador deverá se agachar e se encolher. As crianças deverão imitar o educador. Pouco a pouco, o educador e as crianças vão esticando os braços, sentam-se e depois simultaneamente esticam as pernas e os braços.

10. Retirar objetos nomeados

Material: Mesa com vários objetos.

Desenvolvimento: Espalhar vários objetos sobre uma mesa. Pedir a uma criança que localize e retire somente o objeto que foi nomeado.

11. Colocar flores no vaso

Material: Um vaso e flores artificiais.

Desenvolvimento: Trabalhar vocabulário específico de estruturação espacial: dentro e fora. Mostrar para as crianças que dentro do vaso não tem flor nenhuma e que as flores estão fora do vaso. Exemplo:

Pedir a uma criança que coloque seis flores dentro do vaso; em seguida o educador retira duas flores do vaso e pergunta às crianças: Quantas flores estão dentro do vaso e fora dele? Pode-se variar a atividade usando cestas de frutas.

12. Confeccionar ninhos de pássaros

Material: Jornal e folhas de árvores.

Desenvolvimento: Distribuir as crianças em grupo. Estimular a confecção de ninhos, usando jornal picado ou amassado e folhas de árvores.

13. Confecção de centopeias

Material: Massa de modelar e palitos de fósforo.

Desenvolvimento: Distribuir massa de modelar para as crianças. Oriente-as e mostre como deverão fazer as bolinhas, que serão o corpo da centopeia. Em seguida mostre como se coloca uma bolinha atrás da outra da seguinte maneira: Primeiramente colocar a cabeça da centopeia e depois o resto do corpo, encaixando uma bolinha atrás da outra. Depois que a centopeia estiver formada, o educador mostrará para a criança onde serão colocadas as pernas da centopeia.

14. Separar objetos grandes e pequenos

Material: Mesa com vários objetos, grandes e pequenos.

Desenvolvimento: Colocar em uma mesa diversos objetos com formato de grande e de pequeno. Mostrar para a criança cada um deles, definindo quais objetos são grandes e quais são os objetos pequenos. Em seguida, pedir a uma criança que pegue um objeto (grande ou pequeno).

15. Imitar passarinhos

 Material: Nenhum.

 Desenvolvimento: O educador deverá mostrar às crianças, por meio de movimentos corporais, os movimentos de um passarinho. Em seguida, todas as crianças devem imitar o educador.

16. Confecção de livro de figuras

Material: Livro de atas ou caderno, cola, revistas e tesoura.

Desenvolvimento: Deixar a criança folhear as revistas. Assim que ela lhe mostrar uma figura, fale a ela o que é aquela figura e ajude-a a recortar e colar no livro de atas ou em um caderno. Depois que a folha estiver já com várias figuras coladas, fale novamente para a criança o que é aquela figura e peça que ela repita com você. Feito isso, o educador deverá escrever o nome da figura embaixo de cada recorte.

17. Confecção de fantasias

Material: Cartolina, revistas, jornal, cola, tesoura, retalhos, fios de barbante, etc.

Desenvolvimento: O educador deverá ajudar as crianças a confeccionar fantasias – convém aproveitar para confeccionar as fantasias concernentes a datas comemorativas. As crianças poderão dançar, cantar e dramatizar em referência a alguma data comemorativa.

18. Desenhos em alto-relevo

Material: Folhas de diversas plantas, papel sulfite ou pardo e giz-de-cera.

Desenvolvimento: Pedir a cada criança que utilize folhas de diversas plantas para realizar desenhos em alto-relevo. Ela deverá deixar as folhas sob um pedaço de papel e depois passar giz de cera sobre ele.

19. Noção de pertinência (pertence e não pertence)

Material: Cartolina ou papel pardo, tesoura e pincel atômico.

Desenvolvimento: Mostrar para as crianças, por exemplo, um conjunto de quatro quadrados e um círculo misturado entre eles. Perguntar a uma criança: "Qual destas figuras não pertence ao conjunto? Por que ela não pertence?" O educador nesta atividade poderá usar vários exemplos.

20. Desenho com fita crepe

 Material: Fita crepe, papel para a pintura (pardo ou manilha), esponjas e tinta guache.

 Desenvolvimento: Ajudar a criança a cortar pedaços de fita crepe e grudá-los na folha de papel. Depois pedir para a criança molhar a esponja na tinta guache e esponjar todo o papel. Quando a tinta estiver quase seca, ajudar a criança tirar os pedaços de fita crepe, descobrindo o desenho que se formou.

21. Quanto cabe? (conceitos de medidas)

Material: Um copo plástico, uma colher e um balde ou bacia com água.

Desenvolvimento: Dê um copo plástico e uma colher para cada criança. No meio da sala ou pátio coloque uma bacia ou um balde com água. Peça à criança que experimente pegar colheres de água de dentro do balde ou da bacia e colocar no copo plástico. Assim que todos terminarem de encher o copo plástico com água, perguntar para cada criança: "Quantas colheres de água você pegou para encher o copo de plástico?". Pode-se variar esta atividade, utilizando mantimentos como: feijão, milho, etc.

22. Interpretando ilustrações

 Material: Recortes de revistas, cartolina ou papel pardo, tesoura, cola e pincel atômico.

Desenvolvimento: O educador deverá selecionar algumas histórias que mostrem as atividades desenvolvidas na fazenda ou no sítio, mostrando os costumes do homem do campo, seus passatempos, festas, etc. Pedir para a criança observar as figuras ou cartazes e escutar bem tudo o que o educador está dizendo. A observação e a escuta nesta atividade irá estimular a atenção, a fala e a acuidade auditiva, sendo esta atividade uma boa estratégia para ampliar o conhecimento sobre a vida no meio rural.

23. Conversa dentro do trem

Material: Fita crepe.

Desenvolvimento: O educador deverá fazer com fita crepe um formato de trem. Pedir para cada criança se sentar, uma ao lado da outra, dentro do trem. Falar para as crianças "fazerem de conta que estão dentro de um trem", deixá-las bem à vontade. Esta atividade ajuda o educador a perceber o comportamento de cada criança, como também estimula a criança a desenvolver a imaginação, a fala e a criatividade

24. Discriminação auditiva

Material: Nenhum.

Desenvolvimento: As crianças deverão sentar-se em círculo. O educador é quem inicia a atividade dizendo, por exemplo: "Vamos dizer nomes de animais que conhecemos". Esta atividade vai desinibindo aos poucos a criança, além de desenvolver a percepção auditiva, a fala, a atenção e a memória. Pode-se variar a atividade, pedindo que as crianças falem nomes de amiguinhos, pessoas da família, nomes de brinquedos, etc.

25. Explorando os termos: maior e menor

Material: Nenhum.

Desenvolvimento: O educador deve trabalhar o vocabulário específico de tamanho: maior e menor, através de exercícios concretos. As crianças no pátio ou na sala, ao ouvirem a "ordem" do educador, deverão executá-la imediatamente. Exemplo: Coloque a sua mão perto da mão de um coleguinha, observe qual é a menor. Quem da turma é o maior? Quem é o menor? Desta maneira, seguem-se as perguntas.

26. Cartões coloridos

Material: Cartolina, tesoura, caneta hidrocor ou lápis de cor.

Desenvolvimento: Cortar em cartolina seis cartões retangulares, de tamanho médio. Pintar os cartões com caneta hidrocor, pincel atômico ou lápis de cor, cada um de uma cor. Colocar as crianças sentadas em círculo no pátio ou na sala e os cartões coloridos empilhados com a cor para baixo, no meio do círculo. Peça para que uma criança inicie a atividade pegando um cartão, dizendo a cor que viu no cartão e em seguida mostrando na sala ou no pátio um objeto da mesma cor. Esta atividade pode ser também realizada utilizando formas geométricas em vez de cores.

27. Rosto triste e rosto alegre

Material: Pratos de papel, pincel atômico ou caneta hidrocor, fios de lã preta ou marrom, cola e tesoura.

Desenvolvimento: O educador fará um rosto com a fisionomia triste num prato de papel, utilizando os fios de lã para fazer cabelos e caneta hidrocor ou pincel atômico para desenhar o rosto. E, num outro prato, um rosto com fisionomia alegre, utilizando também fios de lã para fazer cabelos e caneta hidrocor ou pincel atômico para desenhar o rosto. Pedir, então, que uma criança escolha um dos pratos (fisionomia triste ou alegre). Após a escolha de um dos pratos, a criança imitará uma fisionomia triste ou alegre e falará o porquê de estar triste ou alegre.

28. Trilhas pela escola

Material: Nenhum.

Desenvolvimento: O educador irá familiarizar a criança com o ambiente escolar, mostrando-lhe os espaços que serão utilizados por ela e outros coleguinhas, assim como as dependências da escola, os professores e demais funcionários. Interessante também é passear pelo quarteirão da escola, fazendo o reconhecimento da vizinhança.

29. Bolinhos de areia

Material: Baldes com água e areia.

Desenvolvimento: Dê às crianças baldes com água e com areia para fazerem bolinhos de areia. Peça a elas que façam muitos bolinhos, e depois ajude-as a contá-los. Esta atividade é ótima para desenvolver conceitos de adição.

30. Pulo do coelhinho

Material: Nenhum.

Desenvolvimento: Dispor as crianças na sala ou no pátio bem à vontade. Mostrar-lhes como o coelhinho pula. Os pés deverão estar bem juntos e os braços devem ser dobrados na altura do cotovelo e os punhos dobrados para baixo. Todas as crianças deverão pular como um coelhinho. Durante esta atividade as crianças poderão fazer o movimento do pulo do coelhinho cantando a música abaixo, cuja melodia é: Peixe Vivo.

> Pulo, pulo, pulo, pulo
> E não canso de pular
> Eu sou o coelhinho
> Amiguinho pra brincar!

31. Desenhando com barbante

Material: Pedaços de barbante de 40cm, lápis de cera e papel sulfite.

Desenvolvimento: Dar para cada criança um pedaço de barbante de 40cm. Pedir a cada uma que coloque o seu pedaço de barbante em cima da mesa, à vontade. Com a ajuda do educador a criança colocará o papel sulfite em cima do pedaço de barbante sobre a mesa e passará o lápis de cera horizontalmente, realçando a disposição do barbante. Mostrar para a criança os contornos formados pelo barbante enrolado que ela fez. Podemos variar esta atividade molhando o pedaço de barbante em tinta guache e deixando-o cair sobre a folha de papel para formar um contorno qualquer.

32. Dança com lenço

Material: Um lenço e aparelho de som.

Desenvolvimento: As crianças podem ficar à vontade no pátio ou na sala. Cada criança irá receber um lenço e segurá-lo com uma das mãos. Ao ouvir uma música, deverá balançar o lenço de acordo com o ritmo da música. Excelente atividade para o educador perceber a noção que cada criança tem de ritmo, bem como aperfeiçoar a sua coordenação motora ou desenvolvê-la.

33. Juntar o que é parecido ou igual

Material: Revistas, livros, caixas, jornais e outros objetos variados.

Desenvolvimento: As crianças são dispostas em círculo. O educador coloca vários objetos iguais no chão, no meio do círculo. Em seguida pede para que uma criança pegue um objeto e depois pegue um outro parecido ou igual. A atividade continua até que todos tenham participado.

34. Late cachorrinho

 Material: Nenhum.

 Desenvolvimento: As crianças deverão sentar-se em círculo. Uma delas será escolhida para se sentar ao centro, com os olhos vendados. O educador aponta uma criança para imitar o latido de um cachorrinho, por diversas vezes. O educador tira a venda da criança no centro do círculo e pede que ela tente adivinhar quem estava "latindo".

35. Jogo da analogia

 Material: Nenhum.

 Desenvolvimento: As crianças deverão estar sentadas em suas carteiras na sala. O educador irá fazer perguntas para as crianças. Exemplo: O que se coloca dentro da piscina? Quem come banana? O que se coloca para adoçar o leite? Onde tem peixe? Onde tem palhaços? E assim sucessivamente.

36. Testando a agilidade

 Material: Bola de borracha.

Desenvolvimento: Todas as crianças deverão ficar em pé, em círculo. O educador joga a bola de borracha para cima, neste momento ele chama uma criança para pegá-la, antes que ela caia no chão. A atividade continua até que todas as crianças tenham participado.

37. Quando eu chegar em casa...

Material: Nenhum.

Desenvolvimento: As crianças podem ficar à vontade. O educador fará perguntas a cada criança. Exemplo: Ana, o que você vai fazer quando chegar em casa? A criança interrogada deverá responder dizendo o que irá fazer ao chegar em sua casa. A brincadeira segue e termina após todas as crianças terem respondido.

38. Enumerar qualidades para pessoas, animais e objetos (expressão oral)

Material: Nenhum.

Desenvolvimento: Todas as crianças sentadas em círculo, o educador aponta para uma delas e faz uma pergunta. Exemplos: Sua mãe é...? Em seguida diz um exemplo: é bonita. Logo em seguida, apontando para outras crianças, faz diversas perguntas: Seu pai é...? Seu cachorro é...? E assim por diante. A criança deverá inventar uma qualidade para a pessoa, animal ou objeto, respondendo desta forma a pergunta que o educador fez a ela.

39. Abraço e alegria

 Material: Nenhum.

 Desenvolvimento: As crianças devem estar distantes umas das outras. Quando o educador falar a palavra "abraço", todas as crianças devem correr e encontrar um colega para abraçar. Quando o educador falar a palavra: "alegria", todas as crianças devem imediatamente formar uma roda, dar-se as mãos, levantá-las e falar bem forte: "viva!"

40. Falando com o bebê (Potencial auditivo)

 Material: Nenhum.

Desenvolvimento: Escute e fale com o bebê durante todo o dia. Não importa se ele não responder. Quando falamos com o bebê estamos lhe mostrando como usar os lábios e a língua. O interessante é, quando você estiver vestindo o bebê, falar bastante com ele. Por exemplo: "Oi, João, você dormiu bem?", ou "Olá, Aline, você precisa trocar as fraldas!"

Observações:

a) Quando estiver alimentando, trocando fraldas e dando banho no bebê, cante canções para ele. Desse modo, ele vai aprendendo que a comunicação dele com você é importante e que as pessoas prestam atenção quando estão falando uma com a outra.

b) Leia para o bebê. Nada estimula mais a inteligência de uma criança que escutar alguém falar. Os livros ilustrados com figuras e desenhos são excelentes. O importante é que tenham uma ou duas palavras por página e ilustrações ou fotografias coloridas. Deixe o bebê olhar todas as ilustrações à vontade e sem pressa. Conforme o bebê vai crescendo, é importante que ele explore as páginas de livros que contenham muitas palavras. Os bebês se divertem ouvindo a voz de alguém e encontram nisso tranquilidade e conforto.

Considerações finais

As atividades lúdicas enquanto função educativa propiciam a aprendizagem da criança, seu saber, sua compreensão de mundo e seu conhecimento. Assim, são elementos essenciais para o processo de ensino-aprendizagem, pois trazem descontração e entretenimento à aula, fazendo com que as crianças na Educação Infantil se sintam mais à vontade e mais motivadas a aprender.

Portanto, é preciso capacitar o educador para que este elemento tão necessário à formação e aprendizagem da criança na Educação Infantil possa ser inserido como aspecto indispensável no tríplice relacionamento educando, aprendizagem, educador.

Cabe ao professor conhecer as etapas do desenvolvimento psicomotor da criança, as características das faixas etárias, suas necessidades e interesses, para melhor planejar a ação docente. Por isso, é de fundamental importância o educador desenvolver atividades lúdicas, sabendo a que servem e não aleatoriamente.

Toda criança tem necessidades peculiares, inerentes à sua faixa etária. Em sua fragilidade, reflete os desajustes e desafios de nosso conturbado mundo de adultos.

Na Educação Infantil a criança precisa se comunicar com outras pessoas, com o mundo, despertando e incitando o anseio de aprender e de participar.

O educador deve propiciar à criança, por meio de atividades lúdicas, a melhoria de suas formas de comunicação e expressão, desenvolvendo não apenas a linguagem oral, mas também outras linguagens: gráfica (desenho, recorte, colagem, pintura, etc.), mímica, música, dança, entre outras.

A atividade lúdica é o caminho do desenvolvimento cognitivo na infância. E é a partir da exploração do seu próprio corpo e da integração com coleguinhas que as crianças iniciam as construções dos conhecimentos e habilidades principais.

O educador tem como função estimular as funções psicomotoras necessárias ao aprendizado da criança. Através do seu conhecimento e sensibilidade, ele poderá dosar teoria e prática de maneira gradual, combinando estímulos adequados para cada criança.

As crianças na Educação Infantil são entes sensíveis, portadoras das mais perfeitas potencialidades. Nesta faixa etária, são inteligentes, bisbilhoteiras, entusiasmadas e divertidas.

Para que as crianças se sintam seguras, amadas, respeitadas e que tenham bem-estar e felicidade, precisam de relacionamentos gratificantes, muito amor, compreensão e divertimento.

Num planeta que é continuamente novo para a criança, a cada amanhecer nós, adultos (educadores), saibamos responder, acender, apoiar o encanto que leva as crianças ao conhecimento e à participação, num espaço de aprendizagem possível a cada momento.

Referências bibliográficas

ALVES, R. (1995). *Estórias de quem gosta de ensinar* – O fim dos vestibulares. São Paulo: Ars Poética.

BRUNNER, J.S. (1969). *Uma Nova Teoria da Aprendizagem*. Rio de Janeiro: Bloch.

CARVALHO, E.M.R. (1996). *Contribuições da Teoria Walloniana à Educação Psicomotora*. Fortaleza: Unifor.

COSTE, J.-C. (1981). *A psicomotricidade*. Paris: PUF.

DRESCHER, M.J. (2000). *As sete necessidades básicas da criança*. 13. ed. São Paulo: Mundo Cristão.

FREIRE, J.B. (1994). *Educação de corpo inteiro*. 4. ed. São Paulo: Scipione.

HUIZINGA, J. (1996). *Homo ludens*. 4. ed. São Paulo: Perspectiva.

LE BOULCH, J. (1986). *A educação pelo movimento*. 3. ed. Porto Alegre: Artes Médicas.

_____ (1983). *A educação pelo movimento* – A psicogenética na idade escolar. Porto Alegre: Artes Médicas.

LIMA, L.O. (1998). *Piaget*: sugestões aos educadores. Petrópolis: Vozes.

LUCKESI, C. (1988). O papel da didática na formação do educador. In: CANDAU, V. *A didática em questão*. Petrópolis: Vozes.

MALUF, A.C.M. (2003). *Brincar:* prazer e aprendizado. Petrópolis: Vozes.

MONTE, J.B. & BÚRIGO, S.A.N. (2003). *Desenvolvimento infantil sob o enfoque psicológico* [Mensagem recebida por e-mail em 02/12/2004].

NEGRINE, A.S. (1987). *A coordenação psicomotora e suas implicações.* Porto Alegre: Pallotti.

PAPALIA, D.E. & OLDS, S.W. (1981). O *mundo da criança.* São Paulo: McGraw-Hill.

PIAGET, J. (1987). O *nascimento da inteligência na criança.* Rio de Janeiro: Guanabara.

_____ (1970). *A construção do real na criança.* Rio de Janeiro: Zahar [Trad. de Álvaro Cabral].

SALVADOR, C.C. (1994). *Aprendizagem escolar e construção do conhecimento.* Porto Alegre: Artmed.

SANTOS, S.M.P. (2001). *A ludicidade como ciência.* Petrópolis: Vozes.

SCHAEFER. (1994). *Play therapy for psychic trauma in children.* In: O'CONNOR, K.J. & SCHAEFER, C.E. *Handbook of Play Therapy* – Advances and innovations. New York: Wiley.

SCHWARTZ, G.M. (2002). Emoção, aventura e risco – A dinâmica metafórica dos novos estilos. In: BURGOS, M.S. & PINTO, L.M.S.M. (org.). *Lazer e estilo de vida.* Santa Cruz do Sul: EdUnisc, p. 139-168.

TEIXEIRA, C.E.J. (1995). *A ludicidade na escola.* São Paulo: Loyola.

VYGOTSKY, L.S. (1987). *Pensamento e linguagem.* São Paulo: Martins Fontes.

WALLON, H. (1975). *Psicologia e educação da infância.* Lisboa: Estampa.

WINNICOTT, D.W. (1982). *A criança e o seu mundo.* Rio de Janeiro: Guanabara Koogan.

Conecte-se conosco:

f facebook.com/editoravozes

◉ @editoravozes

🐦 @editora_vozes

▶ youtube.com/editoravozes

🟢 +55 24 2233-9033

www.vozes.com.br

Conheça nossas lojas:

www.livrariavozes.com.br

Belo Horizonte – Brasília – Campinas – Cuiabá – Curitiba
Fortaleza – Juiz de Fora – Petrópolis – Recife – São Paulo

  Vozes de Bolso

EDITORA VOZES LTDA.
Rua Frei Luís, 100 – Centro – Cep 25689-900 – Petrópolis, RJ
Tel.: (24) 2233-9000 – E-mail: vendas@vozes.com.br